AF192585

Mística y Pensamientos

de El Mensajero Malaquías 3.1

Albert editor
Madrid 2024

El Mensajero Malaquías 3.1
Mística y Pensamientos

texto

El Mensajero Malaquías 3.1

cubierta

dibujo de Javier García

diseño de la editorial

cuidado editorial

Albert editor

www.albert-editor.com

juan.juancarlos@gmail.com

depósito legal

M-11410-2024

ISBN

978-84-128607-0-2

impresión

imprimelibros.com

"Pensamientos de un pintor fracasado"
(Además de esquizofrénico y haber vendido solo 1 cuadro por 110 €.)
Lo que no quiere decir que me compare con Van Gogh.
Que es mi pintor favorito por su vida y por su obra.
No tengo en cuenta los vendidos a hermanas y amigos.
ME CAGO en Darwin porque es el culpable de que muchos apostataran de la Fe en Dios y en la Virgen María.

A veces es mejor ignorar la realidad aunque corres el peligro de ser víctima de ella.

Encontrar un verdadero amigo es mucho más difícil
que encontrar un trébol de 4 hojas.

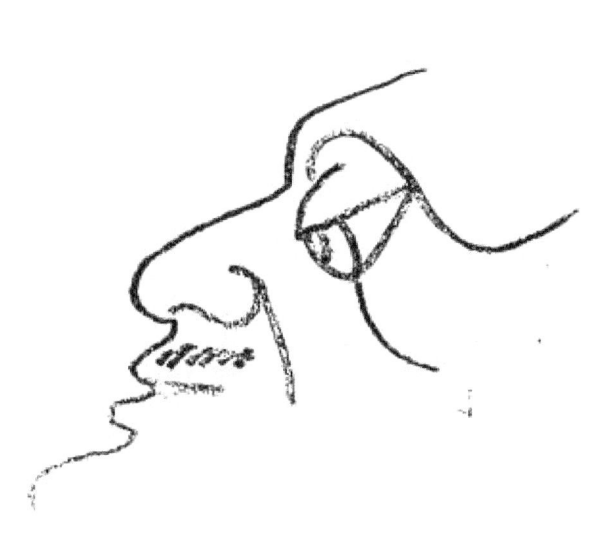

La vida es bella y la vida es cruel.

La Tierra es el único planeta habitado. En ocasiones se manifiestan los demonios y también los ángeles, la Virgen María y hasta el mismo Jesucristo, mi Señor.

La mejor poesía es la que se te clava en el corazón y te hace llorar.

Conocí a una chica que era como David Bowie pero en mujer. Llevaba una chapa con la cara del Duque Blanco (David Bowie) y era guapísima y extraña. Yo la llamaba el espectro porque aparecía cuando menos lo esperaba. A veces yo pensaba si era el diablo disfrazado de mujer. Era mi ideal, como ahora el prototipo de hombre es David Bowie. Pero la perdí, por dar más importancia a mis amigos que a ella. Llevaba dos vendas de gasa negra una en cada muñeca y tenía una presencia seductora total y absoluta.

La última vez que la vi fue en un chiringuito de La Herrería la noche antes de la romería de la Virgen, Pidió medio limón y mientras se lo daban me miró y yo la miré como diciéndola que la había reconocido. Mi amigo Fernando que me acompañaba me dijo que el medio limón era para lavar la aguja y pincharse. En otra ocasión anterior se reunió con nosotros, con mis amigos que empezaron a reírse de ella. Belén, que así se llamaba, empezó a llorar y yo no me atreví a ir con ella por miedo a Satanás, porque ella me había dicho que muchos de sus amigos pensaban que no existía. Yo no fui tras ella por miedo a que al abrazarla me diera cuenta de que era Satanás.

Si te deshaces de tus antiguos vicios verás con más claridad dónde está el bien y dónde está el mal, dónde la Verdad y dónde la mentira.

No hay cosa peor para un soberbio que le llamen envidioso.

Espero no morir olvidado y abandonado como un
perro, aunque tenga dueño.

Nada.

En esta madrugada perdida en el tiempo continúo mi dura lucha para dejar el puto vicio del tabaco.

Ya no fumo desde hace mes y medio y desde entonces tampoco bebo.

En el 2019 seré pobre a la fuerza y eso me salvará.

El Espíritu Santo es el alma de Dios Padre y de Dios Hijo. Dios es a la vez nuestro Padre y nuestro Hermano mayor.

Quiero ser una leyenda para después perderme en el olvido.

Lo mejor que le puede pasar a un hombre es ser impotente.

Dicen que a quienes no les gustan los niños son mala personas. Yo debo ser una de ellas.

Pienso, luego insisto, en no llegar a ninguna conclusión.

A mí me negó Dios el Amor cuando llamé fea por dentro y por fuera a una amiga y nunca le pedí perdón.

La muerte: cuánto la ansío, qué poco miedo me da, cuánto la temo.

La cruz de Cristo la paz del Padre.

El alcohol me da libertad pero a la vez me quema el cerebro y la boca.

Mi sitio está en el barrio hasta que una nube de Dios
me lleve a otro lugar.

Hoy ha muerto Alicia. Mi querida prima Alicia.
(Viernes 9 de Nov. del 18.)

Me estoy asfixiando poco a poco.

Jesús: El ausente y el presente.

Una cosa es hacer por hacer y otra hacer para hacer.

Los hombres se creen, guiados por la soberbia, que pueden hacerlo todo y conseguirlo todo, pero no son nada comparados con Dios.

Mis silencios después de los relatos de mis padres y abuelos me privaron de un auténtico conocimiento de ellos. Por ejemplo, hace muy poco descubrí que mi padre fue un valiente.

Déjame Señor vivir de mis ilusiones hasta que muy pronto llegue lo que nadie espera: El Apocalipsis.

Oh llama de amor viva, cuánto deseo que te coloques
sobre mi pobre corazón.

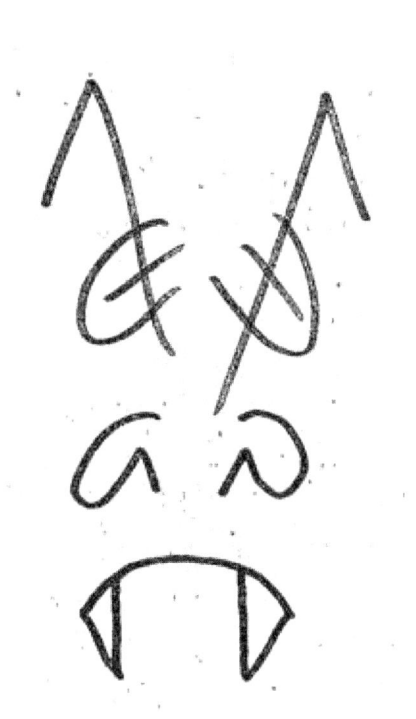

Todo quedará arrasado en un plazo de 7 años. Así
terminará esta civilización corrupta.

Mi vida es una mierda, pero no tengo nada en contra de Dios ni de la Virgen María, sino todo lo mejor que queda en mí, yo se lo ofrezco. Espero que algún día me enseñen a amar.

Yo soy el mensajero de Dios (Mal.: 3.1).

Hay que aguantar hasta lo indecible, no rendirse ni ante el falso dios (Nerón) ni su estatua. No hay que dejarse marcar en la mano derecha y en la frente para poder comprar y vender. Mejor morir de hambre y de sed. Permanezcamos firmes ante lo que se aproxima. Que nada ni nadie, aunque esté nuestra vida en juego, se rinda. Reino de Dios, reina en la Tierra aunque solo sea por 1000 años. Que me maten, que me torturen hasta la muerte, nada debe rendirme.

Este mundo está lleno de gilipollas y yo no soy uno de ellos. He dicho.

Reina la mentira en el mundo. Cuando acabe esta civilización, reinará LA VERDAD porque Dios es el CAMINO, la VERDAD y la VIDA, y habitará la Tierra toda.

Detesto las falsas alegrías las falsas risas las falsas celebraciones. Me dan asco. En este mundo, insisto, reina la mentira.

ı

La Tierra es hoy el caldo de cultivo para que venga a reinar de nuevo Nerón. Reina la corrupción y el robo. Los homosexuales también quieren reinar y acabarán reinando. En lugar de arrepentirnos de nuestros pecados, nos olvidamos de que existen cada vez más y encenderán la IRA de Dios.

En el mundo actual lo que era malo ahora es bueno, y lo que era bueno, ahora es malo. Todo está manejado por los adoradores del diablo y los putos masones.

¡Feliz tristeza! ¡Triste felicidad!

Lo que me dicte el corazón. Eso será lo que haga.

Heridas en el corazón por la guerra de la vida.

¿Cuál es el nombre de Dios?
Respuesta: "EL QUE ES"
El que siempre es, desde siempre y hasta siempre.

A San Judas Tadeo le pedí no pasar nunca necesidades económicas y actualmente estoy pasándolas.

Tal vez sea un castigo por pedir dinero al Cielo.
Espero que esto me sirva de lección.

Ese gran hombre, ese gran hermano, ese gran Dios.

¿Por qué espero lo que nunca tendré?

Los órganos sexuales masculinos y femeninos me
resultan grotescos, feos, ordinarios.
Tal vez por eso están casi siempre ocultos.
Por esto yo me considero asexual.

Este mundo está gangrenado. Tiene que sucumbir
hasta que reine Dios en la Tierra.

La hora se espera con ansiedad, la hora llega y parece solo un minuto y luego se va dejando el recuerdo.

Dios es el Amor, muy por encima del amor que nosotros entendemos.

Vivo con ansias de Amor vivo.

"Bienaventurados los que sufren porque ellos serán consolados". Con ellos me identifico.

Me he emborrachado y me he caído. Creo que me he roto una costilla. En determinadas posturas siento un gran dolor.

Por despreciar a Paquito por su borrachera en la que se rompió varias costillas, me ha venido a pasar algo semejante. El dolor es muy agudo.

Todos dictando normas y más normas, pero es muy sencillo, pidamos todos CARIDAD (incluido yo).

En estos tiempos triunfa el hedonismo, el robo, la injusticia, la lujuria, la violencia y la avaricia. Algún día no muy lejano todo esto terminará y será castigado con la ira de Dios.

El Señor es el único que sabe lo que es la eternidad, el infinito.

Qué amor más doloroso e impotente e imposible el de Chantal, amor mío y de nadie más.

Silencio, silencio, silencio. No soporto a los monologuistas.

Durante largo tiempo mi alma estuvo poseída por el diablo. Fue una auténtica tortura espiritual. El diablo llegó a copular con mi alma. El alma se adapta por dentro a la forma del cuerpo.

Es un descanso para el alma escuchar los grandes éxitos de Leonard Cohen, que nunca cansan.

Loa animales conocen más a Dios que los hombres.

Hoy se elogia al que escandaliza y se desprecia al casto.

Mi consuelo es el tabaco.

Va decayendo mi cuerpo. Cada vez veo peor, de cerca y de lejos, me falla la memoria con mucha frecuencia, cada vez oigo peor, por culpa de los acúfenos y además tengo cada vez menos movilidad.

Esta vida hay que vivirla como un muerto hasta sentir el Amor de Dios. Entonces todo es vida.

Ser libre es todo lo que quiero (dentro de unos límites).

Cuando le hago ver a alguien la situación opresiva que vive en su trabajo, poco después pierde ese trabajo.

Yo estoy bajo la mierda esperando a que todos buceéis en ella. Malditos cabrones que no entendéis nada del amor entre hermanos.

Estúpidos todos los que creen en lo primero que les dicen y no creen en lo que les han dicho siempre.

Me da miedo el cuerpo de las mujeres. Me quedo contemplándolas desnudas y no hago nada más.

He conocido a el Amor y a mi Amor solo un momento
pero poco después se fueron.

Al alma hay que alimentarla con ideas y sentimientos positivos porque si no lo hacéis así, se va oscureciendo hasta volverse negra y negativa.

La otra noche vi a la muerte. Es una vieja fea con pelo canoso encorvada y se apoyaba en un bastón en una estaca dando vueltas alrededor de mi cama.

La alegría perdida la ilusión perdida la vida perdida. No las espero, ni espero que se repitan las antiguas y contadas alegrías de mi vida.

El sueño de la razón crea monstruos (es cierto, yo soy uno de ellos).

La Virgen María es esposa del Espíritu Santo, hija de Dios padre y madre de Jesucristo. Es decir, la Virgen María es a la vez esposa, hija y madre de Dios, uno y trino.

Las canciones bonitas son un bálsamo para mi
profunda tristeza.

Paciencia para aguantar el tiempo muerto.

La sangre circula por las venas y arterias a gran velocidad. Esto podemos certificarlo si alguna vez notamos el paso de la sangre por las orejas. Cuando la sangre se para se produce una parada cardiorrespiratoria y el cuerpo se duerme y luego muere. Es una muerte dulce. Si solo se paran los pulmones viene la asfixia y una mala muerte y monstruosa. Morir de una parada cardiorrespiratoria es morir dulcemente. Simplemente te duermes.

Tengo mucho, Señor, pero soy muy pobre porque no me regalas el Amor.

El precio de la libertad es la soledad.

Hay que estar atento ante cualquier deseo o pensamiento para saber si viene de Dios o del diablo.

Dios todo lo ve siempre aunque el mundo albergue a millones de personas. Esto es un ejemplo de su omnipotencia.

Cuánta porquería hay que soportar hasta escuchar una buena canción.

Hoy en día lo que era malo se considera bueno, y al revés, lo que era bueno se considera malo. Reina la injusticia.

Nadie ha llegado a encontrar la llaga constante de mi vida.

Cuanto más cerca estamos de la muerte, más nos acordamos de ella. Maldita parca. Encima tiene la suerte de ser el último enemigo vencido por Jesús.

El tiempo vuela pero pasa muy despacio, sobre todo cuando no tienes libertad. Por ejemplo, el puto coronavirus.

La existencia de Dios es infinita. Por eso siempre ES.

Mañana cuando me lave la cabeza me voy a sentir
como un héroe de guerra.

El coronavirus me está matando de aburrimiento.

Me cuesta mucho respirar. El aire fresco de la mañana me alivia mucho. No sé si todo esto es por fumar mucho. Seguramente. Si tengo una parada respiratoria espero que vaya acompañada de una parada cardíaca, porque de esta forma no sufriré.

Cada uno tiene la muerte que se merece. Espero que la mía no sea muy dura.

San José era un anciano viudo y con hijos cuando se casó con la Virgen María. Por eso cuando en uno de los 4 evangelios dice: Jesús y sus hermanos Santiago, etc., repito, por eso los protestantes y los evangelistas piensan que si Jesús tenía hermanos era porque la Virgen había tenido relaciones sexuales con san José. ¡Falso! Los hermanos de Jesús eran hermanastros en realidad, pero como al elegirse los libros que iban a componer la Biblia se desechó el Apócrifo que explica todo, entre otras cosas, lo de la barba florecida de San José, que indicaba que José era el marido idóneo para la Virgen María. Si se hubiera agregado este Apócrifo a la Biblia actual, que es la que se compuso en el siglo III o IV (no recuerdo bien), no habrían surgido ni protestantes ni evangelistas. MALA ELECCIÓN.

Tampoco se escogió el Apócrifo que narra el nacimiento de la Virgen María por obra del Espíritu Santo, sin unión entre San Joaquín y Santa Ana, los padres de la Virgen María. De ahí que la Inmaculada Concepción signifique que María estuvo exenta del pecado original, que se transmite de padres a hijos por unión carnal, cosa que no sucedió con María. Por eso Bernadette Soubirous defendería lo que más tarde fue aceptado por la Iglesia católica: La Inmaculada Concepción, dogma aprobado por la Iglesia bajo el mandato de Pío XII en 1950 creo recordar. Es decir, que estos dos libros apócrifos no lo son, sino que tenían que haber sido aceptados cuando se eligieron los libros que iban a componer la Biblia. Los ortodoxos, los más cercanos a la religión católica, no aceptan este dogma, ni el de la Asunción de la Virgen María al cielo en cuerpo y alma (la dormición de la Virgen, ya que no podía morir la madre de Dios), libro este (el de la Asunción de María) también apócrifo, que si se hubiera admitido entre los libros de la Biblia, no habría surgido la iglesia ortodoxa. Esta errónea selección de los libros de la Biblia condujo a muchos a errores de Fe y los culpables no son ellos, sino los que eligieron los libros de la Biblia actual.

Curiosamente San Alfonso María de Ligorio describió, por revelación, cómo se produjo la Asunción de la Virgen María, y pese a todo tardó mucho la Iglesia católica en aceptar este dogma, que tampoco es aceptado por los ortodoxos.

Curiosamente San Jerónimo cuando compuso "La Vulgata" no tuvo en cuenta todo lo comentado anteriormente. Craso error.

Igual que Dios Padre de un trozo de barro creo al hombre, en los apócrifos el Niño Jesús hacía pájaros de barro y los echaba a volar.

Me duele el ALMA.

Ningún cuadro o dibujo salvo si lo planeo anticipadamente. Tengo que empezar sin saber qué voy a hacer y sin pensar qué quiero hacer.

La vida es redonda.

Todas las mujeres que me gustaron o me enamoraron
me las robaron otros hombres.

Dios deja al hombre que cometa maldades esperando que cada vez sean menos importantes, para terminar con las cuentas saldadas y de esta forma se salve. Viva el cargo de conciencia recto.

Ayer compré un bolígrafo Faber Castell por 15 € con la parte delantera como retorcida y sigo acumulando cosas para más tarde, cuando muera, se queden muertas de risa.

Una parte del mal que hacemos lo pagamos en este mundo, para nuestro bien, para no pagarlo en la otra vida, de acuerdo con la Divina Providencia.

Los hombres no saben qué ponerse en la cabeza cuando salen a la calle. ¡Coño! Utiliza lo que siempre se ha usado: el sombrero de ala ancha.

Te estimé, te estimo y te estimaré.

La soledad me vence, la soledad me mata, me seca el corazón, me destina a un final desértico en pleno bullicio de la gran ciudad.

Silencio, amanece.

Estoy atravesando una racha de muchas tentaciones carnales.

Todo está en armonía. Los problemas van solucionándose por sí mismos.

Siempre buscando sueños imposibles.

A los tres años de conocer a una persona te das cuenta
de cómo es, si es trigo o es cizaña.

Antes silbaba bien las canciones que oía. Ahora no puedo, ni bien ni mal.

No puedo vivir sin Ti (Dios), no hay manera, no puedo estar sin Ti (Virgen María), no hay manera, como dice a medias la canción.

La depresión. ¿Así siempre?
— NO —

E la nave va, e la vita va.

Qué duro es el amor que no se siente.

Sigo buscando el Cielo mientras mi cuerpo arde en llamas y mi alma anhela llegar a la puerta del Cielo. Lo de entrar o no entrar depende exclusivamente de san Pedro. Deseadme suerte, no seáis así.

¡Oh, mi amor!, qué triste noche tan larga, cuántas veces te perdí, qué amargo es recordarte toda la vida.

Yo me considero anarquista pacífico, porque amo la libertad bien entendida de acuerdo con la voluntad de Dios.

Jesús, el gran olvidado. Comparto contigo la tristeza. Debería hacer como Diógenes. Llevar una lámpara encendida e ir diciendo "Estoy buscando un hombre".

Mis tres pecados capitales son: Pereza, egoísmo e indolencia. Grave situación.

Estudiosos que escogen caminos peligrosos. Más vale tener convicciones firmes e inquebrantables aunque sean pocas.

En el silencio encontrarás a Dios que está dentro de ti.

Todos somos templos del Espíritu Santo. Dejémonos
que habite en nosotros no ofendiéndole, siéndole fieles.

El amor mata pero también nos puede dar la vida.

Si uno no termina nunca de conocerse a sí mismo, cómo va a conocer a alguien que tampoco acaba de conocerse a sí mismo. Por eso dice Jesús "No juzgues y no serás juzgado".

La libertad tiene un precio, el precio de la soledad.

El tiempo mata herida tras herida hasta vencernos.
Alguien nos recibirá.

El alma unida a Dios se diviniza de tal manera que llega a pensar, a desear y a obrar conforme a Jesucristo.

(Santa Teresa de Jesús)

Sé que tengo un amor, pero no sé de quién se trata.

2021.

Hoy, Fin de año, me acuesto pronto, no tengo ganas de trasnochar.

Hoy, 1 de Enero, todo es silencio, menos los acúfenos
que no me dejan nunca en paz.

No soy de izquierdas ni de derechas. Amo la libertad bien entendida, sin violencia, sin sexo, sin blasfemias. Amo a Dios Padre, Hijo y Espíritu Santo. También amo a la Virgen María y a su advocación de Auxiliadora, la cual me ayuda muy a menudo. Yo quiero verles pero no se dejan, se esconden, no sé por qué. En ellos está la verdadera Felicidad, el Amor, la Caridad, la Alegría, la Paz y la Salud, dones que esperamos recibir urgentemente todos nosotros, antes de que llegue la angustia de los tiempos, que no ha hecho nada más que comenzar en el 2019 y que irá en aumento hasta el 2026 (27) cuando toda esta civilización quede arrasada por la Ira de Dios y los pecados de los hombres.

La caridad es correspondida con el Amor de Dios.

Soy como un toxicómano, pero tengo el mono del Amor de dios. No puedo vivir sin él.

A veces, en el silencio de mi soledad, envidio a Elías cuando se asomó al oír el leve susurro de Dios, que le dio descanso en su misión de profeta para ser sustituido por Eliseo. Yo soy el mensajero de Dios, él me lo dijo. Ojalá, cuando empiece la angustia de los tiempos de las naciones, me dé descanso y me lleve con Él.

Si soy positivo la gente me responde de igual manera. Si soy negativo no me comunico, quiero estar solo, me quedo solo.

Cómo me gustaría ir de copiloto en un Mercedes de alta gama y no parar, no dormir, ir sin destino fijo, y una vez agotados dormir hasta hartarme, y de nuevo seguir y seguir y seguir. El pobre chófer no podría soportarlo.

Dios me castiga al despertarme con angustia y cuando esta pasa me otorga la libertad y la felicidad, día a día, de manera que estoy viviendo mi época dorada de la vida.

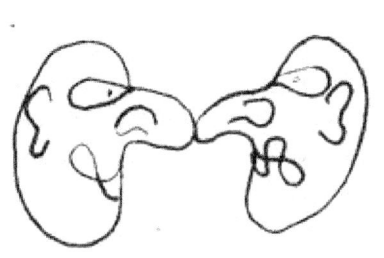

El Amor se esconde hasta que el alma esté preparada para recibirle.

Mis acúfenos son los molestos sonidos del silencio.

El amor es el Rey.

Señor, que no me desvíe del camino que me has
asignado, sea cual sea.
Yo ignoro cuál es, llevadme Vos.

El tabaco es un vicio muy caro porque me cuesta la vida.

Paso de la vida. No hay comparación con LA VIDA.

La soledad es el precio de la libertad. En cuanto hay dos juntos surgen las discrepancias.

Todo lo que no tiene que ver con Dios es engaño del diablo, de Satanás, del dragón, de la serpiente antigua.

El Padre lo comprende y lo excusa todo entristecido. El Hijo ama o juzga. Temamos a Jesús cuando se decida a juzgar.

Ahora soy feliz. Dentro de un rato no sé qué pasará.

Tener que pedir por determinados elementos, cuesta Dios y ayuda.

No luches contra el tiempo. Siempre gana la partida ayudado por la muerte, el último enemigo que será vencido por Jesús.

La tristeza me consuela.

Seguramente moriré pensando que Dios no me ama.

El amor me rompió el corazón muchas veces. Ya solo
espero el del Cielo.

Papá, yo te adoro.

Dios nos castiga por nuestros pecados, pero ese castigo nos hace mejores.

Hasta que el cuerpo aguante.

Yo soy amigo de Jesús. Él es mi hermano mayor y yo el pequeño, uno de los pequeños.

Mi pena es tan honda que no se puede alcanzar.

Cuándo llegarán las lágrimas que esconde el corazón, y purificarán mi espíritu.

Vivo con sufrimientos imperceptibles para los demás.

Mi salud, Señor, se resiente.

Me crece el pecho porque desde hace bastantes años soy casto. Espero que no crean que soy un transexual.

El precio de ser libre es la soledad.

Oh muerte. ¿A la vuelta de qué esquina me esperas?

Numerosísimas esperas, importantísimos momentos, fantásticas lecciones aprendidas.

La Santidad de la belleza.

Ya he recibido el último aviso. No puedo volver a fumar.

Deseo una noche maravillosa, maravillosa, y un día maravilloso, maravilloso.

El Amor Es.
Es siempre.
Es eterno.

El Génesis dice la verdad. Los científicos ateos lo negaron y aceptaron la teoría de Darwin. A partir de esto se cuestionaron todos los libros que componen la Biblia. El neandertal, el cromañón, los dinosaurios, los mastodontes, los diplodocus, todos, fueron creados el 6º día. El mundo se creó en seis días hace aproximadamente 5.800 años, no más.

Y aquí estoy esperando la muerte que no llega, aunque
como a todos se nos va acercando.

Por la noche mis ojos ensangrentados resumen mi sufrimiento sin sangre.

Si un hombre maltrata a un perro, en realidad es como si un perro maltratara a un hombre.

Si las personas pudieran escrutar mis pensamientos mal ocultos dirían que soy un monstruo totalmente corrompido.

En este mundo hay muchos gilipollas triunfadores,
Hay que fijarse en los que no destacan, en los
olvidados, en los despreciados, en los pobres de
espíritu, en los que nadie tiene en cuenta, en los
marginados, en los que se merecen ir al Cielo.

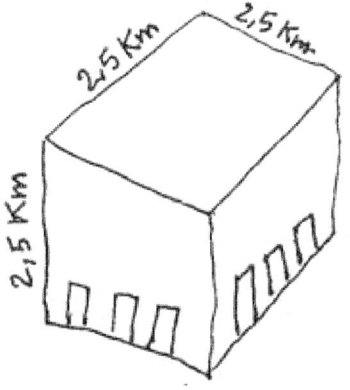

La Jerusalén celestial. Un enorme exaedro o cubo, con 12 puertas, 3 en cada fachada, 12 en total según las 12 tribus de Israel, y las fachadas llenas de piedras preciosas. Allí vivirán los que figuran en los Libros celestiales del Juicio Final, los justos y los buenos, los que han sufrido mucho durante su vida. Dentro estarán las múltiples moradas de las que habla Santa Teresa y Jesús en el Evangelio. A cada uno le estará reservada su morada.

Voy imaginando todas las perversiones que el ser humano puede cometer contra Dios. La perversión no está en el imaginar sino en el hacer.

Antes silbaba muy bien, pero los golpes de la vida me impiden hacerlo. Ojalá vuelva a poder silbar cuando esté cerca de la muerte (no falta mucho), como le pasa al pájaro espino, que solo silba cuando se está muriendo.

Para mí los desaparecidos son los que han muerto.
Deseo que todos conozcan la VIDA ETERNA.

Mi amado Señor, mi amada María, mi amado Niño
Jesús, quiero veros otra vez, necesito veros.

Los designios del Señor son increíbles. ¿Cómo puedo ser yo el Mensajero de Dios? Sería algo increíble también.

Ante la belleza de una determinada música, reaccionas quedándote parado, en silencio y emocionado, con ganas de llorar.

He dejado el tabaco, espero que para siempre, porque
al final fumaba y prácticamente no podía respirar.
Aspiraba bien pero expiraba muy poco, muy mal.

Al mismo tiempo soy de todos y no soy de nadie.

Como decía la película, o el libro: Buenos días tristeza.

Solo soy la sombra de mí mismo.

Yo tengo un corazón humano destinado a Amar al Sagrado Corazón de Jesús y al Inmaculado Corazón de la Virgen María.

Con un chasquido de dedos Dios puede crear el universo. Dios creó la Tierra en 6 días, no uno más, porque es Omnipotente. Darwin ha destruido la Verdad y lo pagará caro.

Amar, amar, amar. Eso es lo que quiero hacer con el corazón.

Pido a Dios por todos los pobrecitos de este mundo, ya sean niños, personas mayores, perritos, gatitos, o cualquier animal olvidado, maltratado o abandonado.

Cristo me da la VIDA.

Dios es el Amor. El Amor es Dios.

La pasión de mi alma es la tristeza.

Siento una tristeza más profunda que el abismo.

Estoy destrozado.

Afortunado es el que paga sus pecados en esta vida y no en la otra.

Los muertos son desaparecidos. ¿Dónde encontrarlos?
En la Gloria si se han ganado el Cielo.

No soy nada porque la poca caridad que tenía la he perdido.

Imperio Argentina dijo una vez que Carlos Gardel era el hombre más triste que había conocido nunca.

Quiero que mi corazón sea como una piedra, como una puta piedra.

Mi ira está muy lejana de mí. Espero que no se vuelva a acercar.

El alcohol es traicionero. Te sube hasta las estrellas para bajar después a la profunda depresión y al cargo de conciencia.

Mi abuelo materno estuvo en Filadelfia para tener el dinero suficiente para trasladarse de Calzada de Valdunciel (Salamanca) a Madrid. Allí se buscó la vida descargando camiones con dos mozos del pueblo. Una vez hicieron una apuesta con 3 yanquis de descargar antes su camión o el de ellos y ganaron la apuesta. Esto fue hacia el año 1922. Cuando volvió con dinero se instalaron por un tiempo él, la yaya y mi madre en la Gran Vía, en el nº 20. Todos los días mi madre bajaba para cruzar la Gran Vía, dar una limosna e ir al colegio del Sagrado Corazón situado en la calle Caballero de Gracia (ya no existe ese colegio). Mi abuelo hacía una seña a mi madre desde la ventana cuando ella podía cruzar.

Camino hacia la muerte, enemiga de Dios. El último enemigo de Dios vencido será ella. Después resucitarán los muertos para ser juzgados, aunque no todos moriremos pero todos seremos transformados como Jesucristo camino de Emaús.

Yo soy el mensajero de Dios. (Leer en la Biblia a Malaquías capítulo 3 versículo 1.)

A veces todo es armonía a mi alrededor, y otras veces no perdono a nadie.

Tierra de Dios para el hombre tierra de Dios para nadie... El desierto del Valle de la Muerte.

Mi amargura es tan profunda que no tiene fondo.

Qué pena si
dejo de fumar.
Qué alegría si
dejo de fumar.

Abrázate a Dios Padre. Que haga contigo lo que le parezca conveniente. Siempre será para bien tuyo.

Me espera la muerte para que llegue donde ella está.
Tal vez ese sea el día de mi liberación.

La madre de Paco ha muerto santamente (como una niña) casi a punto de cumplir 102 años. Ha muerto dulcemente, serenamente y sin agonía, justo como Paco y yo le pedimos a Dios y a la Virgen María. Que sea infinitamente y eternamente feliz en el Cielo.

El momento más importante en la vida es la muerte.

No quiero saber nada de lo que veo. Quiero saber todo sobre lo que ansía mi alma y no puede alcanzar.

Las mujeres me han destrozado la vida por mi culpa.

Me resulta muy difícil llevar mi cruz al cuello.

John Lennon era un soberbio, un anticristo. Dijo que los Beatles eran más famosos que Jesucristo. Mentira. En "Imagine" comienza diciendo: Imagina que no hay Cielo. Era un soberbio. Estas dos blasfemias las pagó caras muriendo violentamente a manos de un creyente, tiroteado. En esta vida el que la hace la paga. Yo he pagado caro al decir a Gemma que era fea por fuera y fea por dentro. Desde entonces no he encontrado el amor, todas las que me gustan están emparejadas, y yo en esas cosas, al contrario que hace años, en esas cosas no me meto. Nunca pedí perdón a Gemma. En esta vida el que la hace la paga, y si no la paga en esta vida, la paga en la otra. Viva Jesucristo justo, al que aprovecho para pedirle perdón.

Los homosexuales y las lesbianas serán juzgados por Dios con severidad, no por el hecho de serlo, sino por decir que lo malo es bueno y conseguir convencer a los que no lo son. Siempre triunfará LA VERDAD no la "verdad".

He salvado a una mosca vieja de inanición abriéndola
la ventana.

Para encontrar a Dios no es necesario moverse de donde uno está.

Yo quiero que las personas nos queramos y que todos
nos esforcemos para ser queridos.

El alcohol me da la vida y al mismo tiempo me la quita. Pero cómo no esperar de la otra vida la plenitud del Señor y de María, la Felicidad eterna. Soy feliz aquí mientras escribo y como decía San Rafael Arnáiz Barón la vida consiste en una rápida espera, en saber esperar.

Yo padecí una obsesión diabólica. El diablo o un demonio copuló con mi alma. La obsesión diabólica consiste en que el alma, no el cuerpo, es poseída por el diablo o un demonio (o varios demonios). Esto es lo que asegura Antonio Royo Marín en su "Teología de la perfección cristiana", que estudia los fenómenos sobrenaturales.

Me gustaría morir de amor.

Nuestro gato Equis se está muriendo. Siempre fue un gato santo. Le veré en el Cielo.

Se está muriendo Ramón. Me da mucha pena. Es mi amigo.

El tiempo no
perdona, Señor.
Para ti todo es
presente, un ins-
tante infinito.
Por eso tu nombre
es EL QUE ES.

¡Mira a la Guadalupita mejicana Maravillosa Maravillosa! Su rostro está retocado durante la revolución mejicana. Pero yo vi su verdadero rostro antes de ser retocado y es guapísima y humildísima. Siempre mirando al suelo, sin levantar la mirada. (Libro "La Virgen de Guadalupe" de J. J. Benítez.)

La soledad (31-XII-2022.)

Casi todos han muerto (M-10-I-23).

Tengo muchos amigos pero a la hora de la verdad no tengo ninguno.

El abismo del que habla el Apocalipsis va a dar al infierno que está en el núcleo de la tierra.

Nombre de Dios: EL QUE ES. Fue siempre, es siempre y será siempre (∞).

Dios nos regala muchísimos cuadros del cielo desde que existimos.

La razón y el concepto del bien y del mal frena al corazón oscuro.

Es típica la despedida a la francesa en los
esquizofrénicos.

A mi edad se van sumando los muertos uno tras otro.

La mejor carne es la de ciervo, pero a un ciervo no se le debe tocar.

En el Cielo podremos ver a quien queramos ver.

La mayor tontería del siglo pasado y de este ha sido el comunismo.

El aburrimiento, sin hacer nada durante horas, puede llegar a ser una auténtica tortura.

Hoy 16 de abril es el día de San Benito José de Labre (murió por agotamiento y falta absoluta de higiene y a su entierro fue toda Roma) y también el día de Santa Bernadette Soubirous que aseguró según una revelación, que la Virgen María era y es la Inmaculada Concepción, es decir, que fue concebida por obra y gracia de el Espíritu Santo, no por la unión de San Joaquín y Santa Ana ("sus padres"). Este hecho dio lugar al Dogma de la Inmaculada Concepción (la Virgen María no tuvo el pecado original).

Tengo que añadir que este dogma no lo acepta la Iglesia ortodoxa, junto con el de la Asunción o Dormición de la Virgen, ascendiendo al Cielo en presencia de los apóstoles sin conocer la muerte para que su seno no conociese la corrupción por haber albergado en él a Jesucristo, Hijo de Dios y Dios mismo.

Hay un tercer Dogma que tampoco aprueba la Iglesia ortodoxa, que es la infalibilidad del Papa.

Loa ataúdes blancos llevan a niños muertos que van al Cielo, como fue también mi hermano Guillermito.

Nosotros somos culpables de la muerte de Jesucristo. Para saldar la deuda que tenemos con ÉL, debemos ser buenas personas y creer en Dios y en la Virgen María.

¡Cuánto daría yo por ver tu mirada!

Los hombres han creado dioses. Dios ha creado a los hombres.

Siento una gran paz sin hacer nada en absoluto, sin aburrirme. Durante ese estado noto mi sonrisa interior y prácticamente no pienso en nada.

Me cuesta creer que Dios me ame.

Cuantos más problemas tienes más problemas tienes aún.

Qué bonito y qué terrible es el desierto. Yo estuve 5 días perdido en él, día y noche, muy cerca de casa.

El sexo del hombre y de la mujer son grotescos.

Un Diplomático tiene que serlo en todo momento, en su trabajo y en su tiempo libre.

Cuando una persona sufre catatonia, no hace nada por evitar o conseguir cualquier cosa que deteste o desee respectivamente.

Una dictadura lo es cuando el que la representa gobierna mal y no lo es cuando el único que la representa gobierna bien.

Mi sufrimiento no se aprecia, está dentro de mí, en mis entrañas, como si tuviera un cuchillo invisible que me las destroza.

¡Oh mi amor! Qué triste noche tan larga. Cuántas noches te perdí. Qué amargo es recordarte toda la vida.

No conozco
el silencio
en medio
de la noche
siempre hay
un zumbido
en mis oídos
que me impide
estar en paz.

Solo Dios y la Virgen María me pueden querer.

El famoso tercer ojo no está en la frente, está en el cerebro y es el de la razón.

He dejado de fumar tabaco porque no quiero que me mate el Ministerio de Sanidad que permite adulterar con miles de componentes el tabaco. Para crear adicción y no poder dejar de fumar. Esto origina terribles enfermedades y el Ministerio de Sanidad obliga a las empresas tabaqueras a poner advertencias escritas y fotográficas de las consecuencias de fumar tabaco lavándose así farisaicamente las manos y poder decir ⟹ Si tú (por ejemplo) tienes cáncer de pulmón, ya te advertí yo que lo podía provocar el tabaco. Pero el Ministerio de sanidad nunca ha dado la orden de fabricar un tabaco lo más puro posible, porque le interesa conseguir la mayor cantidad de dinero posible creando la adicción a un tabaco adulterado, con miles de impurezas, entre ellas el cianuro y el amoníaco, por poner un ejemplo. Las empresas tabaqueras además siguen el juego al Ministerio de Sanidad por no negarse a fabricar un tabaco lo más puro posible.

Quiero llorarte muerto, quiero llorarte emocionado
Resucitado.
Sábado 16-XII-2023

Debe de estar ya próximo el impacto del meteorito del tamaño de una gran montaña que tiene que caer ardiendo al mar Mediterráneo.

Es curioso. Llamamos de usted a las personas y de Tú nada más y nada menos que a Dios y a la Virgen María.

Qué cruel eres amor incomprensivo.

Dios mío, Tú me conoces. Sabes que puedo
traicionarte en cualquier momento.

Siento un vacío muy grande en mi alma, como si estuviera muerto en vida.

Estoy solo, nadie me echa en falta.

Mucho más dolor y angustis tendría que padecer para
sudar gotas de sangre.

LO QUE CUENTA ES EL CORAZÓN.

No me gustan las mujeres vestidas.
No me gustan las mujeres desnudas.
Me gustan las mujeres.

Por fin, después de mucho tiempo, mi hermana me ha perdonado mi ataque de esquizofrenia. No puedo pegar, pero la herí con las palabras. Me produjo su perdón una gran alegría.

El mensajero (Malaquías 3.1) pone Fin a sus pensamientos de estos últimos 7 años.

Este libro se acabó de imprimir en
Madrid en mayo de 2024.
Es el ejemplar nº *15* /50